No 22.

DIRECTEUR

GUSTAVE PHILIPPON

Docteur ès sciences.

LES IMPOTS EN FRANCE

LES IMPOTS DEPUIS LA RÉVOLUTION

PAR

L. PRÉVAUDEAU

Licencié en droit.

PRINCIPAUX COLLABORATEURS

MM. Le Dr Arthaud, chef des travaux de physiologie à l'Ecole pratique des Hautes Études, professeur au collège Chaptal.
Le Dr Beauregard, professeur agrégé de l'École supérieure de phar-
Le Dr Belin, chef de clinique à la Faculté de Médecine de Paris
Daniel Berthelot, assistant au Muséum.
Le Dr R. Blanchard, de l'Académie de Médecine.
macie.
Robert Cambier, attaché à l'Observatoire de Montsouris.
Capazza, aéronaute.
J. Chatin, de l'Académie de Médecine.
Henri Coupin, préparateur à la Faculté des Sciences de Paris.
Le Dr Dubief, médecin-inspecteur des épidémies de Paris, chef de laboratoire à l'hôpital Cochin.
Dr Raphael Dubois, professeur de physiologie à la Faculté des Sciences de Lyon.
Duclos, préparateur de botanique à la Faculté de Médecine de Paris.
G. Dumont, professeur à l'Ecole des Hautes Etudes commerciales.
St. Ferrand, ingénieur-architecte, directeur du journal *Le Bâtiment.*
Camille Flammarion, directeur de l'Observatoire de Juvisy.
Le Dr Garran de Balzan, directeur de cours à l'Association philotechnique de Paris.
Dr N. Gréhant, professeur au Muséum.
É. de la Hautière, prof. agrégé de philosophie au lycée Saint-Louis
Hanriot, de l'Académie de Médecine.
A. Hébert, préparateur de chimie à la Faculté de Médecine de Paris.
Koehler, professeur de zoologie à la Faculté des Sciences de Lyon.
H. Léauté, membre de l'Institut.
Lecomte, professeur agrégé d'histoire naturelle au lycée Saint-Louis.
Dr Lesage, chef des travaux pratiques à la Faculté de Médecine de Paris.
Levasseur, de l'Institut, professeur au Collège de France.
Gabriel Lippmann, de l'Institut, professeur à la Faculté des Sciences de Paris.
L. et A. Lumière.
Charles Martin, professeur de l'Université.
Martin, chargé de la direction du musée monétaire.
H. Mercereau, professeur de l'Université.
Stanislas Meunier, professeur au Muséum.
Victor Meunier.
Edmond Perrier, de l'Institut, professeur au Muséum.
Gustave Philippon, docteur ès sciences, directeur de la publication.
Paul Philippon, répétiteur à la Faculté des Sciences de Paris.
Le Dr Porak, de l'Académie de Médecine.
L. Prévaudeau, licencié en droit.
A. Quillard, préparateur à la Faculté de Médecine de Paris.
Dr Regnard, professeur à l'Institut national agronomique.
Rocques, ancien chimiste au laboratoire municipal de Paris.
Roux, assistant de la chaire d'agriculture au Muséum.
Roux, vétérinaire de l'armée.
Ch. Velain, chargé de cours à la Faculté des Sciences de Paris.
Etc., etc., etc.

LES IMPOTS EN FRANCE

LES IMPÔTS DEPUIS LA RÉVOLUTION

Par L. PRÉVAUDEAU

Licencié en droit.

CHAPITRE PREMIER

LA CONCEPTION NOUVELLE DE L'IMPOT. — LA CONSTITUANTE. — LES PRINCIPES FONDAMENTAUX. — LES SYSTÈMES DEPUIS LE DIRECTOIRE

L'Assemblée constituante n'hésita pas à bouleverser le système fiscal jusqu'alors établi. Nous avons indiqué (voir les *Impôts sous l'ancien régime*) de quelles idées nettement formulées les députés du tiers état devaient se faire les défenseurs. Ils devaient avant tout réclamer l'abolition des anciens impôts, et surtout des impôts indirects, aides, traites, gabelle.

La Constituante s'empressa de ratifier les vœux exprimés dans les cahiers du tiers. Dès le premier jour (le 17 juin 1789) elle considéra que l'impôt tel qu'il avait été établi jusqu'alors était illégal, parce qu'il n'avait pas été consenti par les représentants de la nation.

Elle commença par supprimer les impôts indirects. Du

moins les douanes intérieures, les péages et les octrois, les aides, la gabelle furent-ils d'abord supprimés; elle supprima aussi toutes les fermes et régies et ne laissa subsister des anciens impôts indirects que les douanes proprement dites et l'enregistrement; elle supprima encore la taille, les accessoires de la taille, les dîmes, les droits seigneuriaux.

La Constituante en décidant cela avait obéi à la nation; ce que demandaient leurs commettants, les députés l'avaient exigé.

Ils restaient maintenant en face de la situation que de Calonne avait exposée devant l'Assemblée des notables le 22 février 1787 : de 1776 à 1786, on avait emprunté 1250 millions; le déficit en 1784 s'élevait à 684 millions. Il fallait équilibrer un budget ainsi compromis sans avoir recours aux impôts indirects.

La Constituante voulut en effet faire reposer son système financier sur les impôts directs : l'impôt sur les revenus fonciers, l'impôt sur les revenus mobiliers, les patentes; des impôts indirects, elle ne conserva que l'enregistrement et les douanes à l'extérieur; mais ces impôts nouveaux ne donnèrent pas un rendement suffisant, et cette erreur financière s'ajoutant au déficit antérieur dans les finances amena la création d'assignats et la banqueroute des deux tiers.

Les principes fondamentaux posés par la Constituante, qui étaient à la fois la condamnation du système ancien et la consécration des vœux émis dans les cahiers du tiers état sont restés néanmoins la règle que les gouvernements de la France se sont efforcés de suivre en matière d'impôts. Nous allons les énumérer :

Premier principe. — Toutes les personnes et tous les biens sont soumis à l'impôt sans dispense, exception, ni privilège d'aucune sorte.

C'était l'abolition des privilèges, vainement réclamée par les états généraux dès le XIVe siècle. « L'impôt doit être réparti sur tout le monde », tel était le vœu des états généraux de 1355. Nous avons indiqué que Vauban avait proposé la suppression des privilèges. Turgot avait essayé de réaliser pour une partie ce vœu : mais l'édit de 1776 sur la corvée fut accueilli par les protestations des privilégiés, et le Parlement refusa de l'enregistrer. Enfin, nous avons vu que de

Calonne, lui aussi, avait reconnu la nécessité de supprimer les privilèges ; il appartenait à la Constituante de réaliser cette réforme fondamentale dans le système des impôts.

Deuxième principe. — Tout impôt doit être établi et perçu en vertu d'une loi.

Ce principe, à vrai dire, avait de tout temps été établi en France : le roi ne devait pas lever de nouveaux impôts sans le consentement des états généraux ; mais les rois s'étaient affranchis de cette obligation, et nous avons vu qu'ils levaient les taxes de leur autorité privée. La Convention rappela cette obligation, dans l'article 14 de la Déclaration des Droits : « Aucun impôt ou contribution en nature ou en argent ne peut être levé, aucun emprunt direct ou indirect ne peut être fait autrement que par un décret exprès de l'Assemblée des représentants de la nation. » L'impôt ainsi compris cesse d'être le *tribut* exigé par le roi en vertu d'un pouvoir supérieur. Le contribuable, par son représentant, a seul pouvoir pour l'accorder ou le refuser.

Troisième principe. — L'impôt doit être voté chaque année.

L'article premier de la Constitution de 1791 porte : « Les contributions publiques doivent être délibérées et fixées chaque année par le Corps législatif ; elles ne peuvent subsister au delà d'un an si elles ne sont expressément renouvelées. » La Constituante prenait ainsi ses précautions pour éviter le retour des errements anciens ; pendant près de deux siècles, en effet, les états généraux n'avaient pas été convoqués. Le roi créait seul les impôts au moyen de lettres patentes enregistrées au Parlement.

La Constituante, après avoir décidé que l'impôt ne pourrait être établi que par une loi, voulut rendre cette prescription efficace en décidant que cette loi serait nécessaire chaque année.

Les chartes de 1814 et 1830 ont décidé que les impôts indirects peuvent être établis pour plusieurs années. Mais, en fait, les lois des finances énumèrent toujours les impôts indirects dont la perception est autorisée conformément aux lois existantes.

Quatrième principe. — Proportionnalité de l'impôt. « Toutes les contributions et charges publiques, de quelque nature qu'elles soient, doivent être supportées proportionnellement par tous les citoyens et par tous les propriétaires, à raison de leurs biens et facultés. » (Décret constitutionnel du 6 novembre 1789.)

Il ne faut pas confondre la proportionnalité avec la progression. Un impôt est dit proportionnel lorsque 1 franc par exemple étant perçu pour 100 francs, il est perçu 2 francs pour 200 francs, 3 francs pour 300 francs. Dans l'impôt progressif, au contraire, le rapport entre les facultés imposables et l'impôt supporté s'élève à mesure qu'augmente la fortune du contribuable ; si pour 100 francs on demande 1 franc ou 1 0/0, pour 200 francs on demandera 2 0/0, soit 4 francs, etc.

Montesquieu, dans l'*Esprit des Lois*, avait défendu l'impôt progressif : « La proportion injuste, dit-il, serait celle qui suivrait exactement la proportion des biens. » Examinant le système de taxes établi à Athènes, il ajoute : « La taxe était juste, quoiqu'elle ne fût pas proportionnelle. Si elle ne suivait pas la proportion des biens, elle suivait la proportion des besoins. On jugea que chacun avait un nécessaire physique égal ; que ce nécessaire physique ne devait pas être taxé ; que l'utile venait ensuite, et qu'il devait être taxé, mais moins que le superflu ; que la grandeur de la taxe sur le superflu empêcherait le superflu. »

L'Assemblée constituante, pour parer au déficit et pour remplacer les anciens impôts, considéra le revenu comme devant former seul la matière imposable. La loi du 1er décembre 1790 sur la contribution foncière porte que cette contribution est établie sur toutes les propriétés foncières « à raison de leur revenu net ».

L'instruction du 13 janvier 1791 sur la contribution mobilière dit : « La contribution mobilière doit atteindre tous les revenus qui ne pourront l'être par la contribution foncière. » C'est encore le revenu que le législateur a voulu frapper en fixant une taxe *progressive* sur le loyer dans la loi du 18 février 1791 ; et, bien que la taxe fût progressive, il se proposait de frapper *proportionnellement* le revenu ; on considérait en effet que le pauvre est obligé de consacrer à son loyer une plus forte part de son revenu que le riche.

La Constituante conserva, sous le nom d'enregistrement, les droits antérieurement établis sous le nom de droits de contrôle, de centième denier et d'insinuation. (Loi du 19 décembre 1790.) Elle supprima les douanes intérieures, droits de péage établis de province à province, et reporta la ligne des douanes aux frontières de la France avec un tarif unique et uniforme (Loi du 5 novembre 1790.)

Nous avons indiqué déjà les résultats regrettables au point de vue financier qu'ont donnés ces impôts, logiques, mais insuffisants.

En somme, le système de la Constituante était bien défini: elle supprimait les taxes indirectes et les remplaçait par des contributions directes *proportionnelles* aux revenus de chacun.

A partir de 1799, sous le Directoire, le Consulat, l'Empire, le système change : on maintient les impôts existants, et on propose des impôts nouveaux pour augmenter les revenus publics. La loi du 4 frimaire an VII établit la contribution des portes et fenêtres. La loi du 6 prairial an VII augmente les droits d'enregistrement. La loi du 5 ventôse an XII rétablit les impôts indirects sur les boissons (les aides de l'ancienne monarchie). En 1806, l'impôt sur le sel (la gabelle) est rétabli. Nous verrons les nombreuses modifications apportées au régime des douanes. Dès lors, les nouvelles contributions qui seront nécessaires, c'est aux impôts indirects qu'on les demandera pour la plupart; l'idée d'unité d'impôt est absolument écartée, c'est par la multiplicité des taxes qu'on cherche à obtenir un rendement aussi considérable que possible; nous verrons à quelle énorme variété de taxes on est arrivé de nos jours.

Division des impôts actuels. — Les impôts actuels se divisent en impôts directs (auxquels un certain nombre de taxes sont assimilées) et impôts indirects.

On appelle impôt direct l'impôt qui est perçu en vertu de rôles qui désignent *nominativement* le contribuable; il atteint directement *la personne* soumise à l'impôt. L'impôt indirect, au contraire, est perçu, non en considération des personnes qu'il frappe, mais à l'occasion de certains actes et en vertu de certains *tarifs;* c'est indirectement qu'il atteint le contribuable lorsqu'il accomplit un des actes qui donnent lieu à la perception d'un droit. Ainsi le fait d'introduire dans une ville des marchandises soumises au droit d'entrée donne lieu à la perception d'un droit, sans que l'administration qui perçoit ce droit ait à considérer la qualité de celui qui introduit ces marchandises.

A un autre point de vue, il est nécessaire de distinguer entre les impôts de répartition et les impôts de quotité.

Cette distinction est importante : en effet, lorsque la déchéance ou une réduction a été obtenue par le contribuable à l'égard d'un impôt de répartition, le montant de la taxe est mis à la charge de la commune, qui est imposée d'autant en sus, l'année suivante; s'il s'agit, au contraire, d'un impôt de quotité, la cote indûment établie est à la charge du Trésor; la commune est complètement déchargée de cette taxe qui tombe dans les fonds de non-valeur.

Les impôts de quotité sont perçus suivant des tarifs et varient suivant les catégories de contribuables auxquels ils s'appliquent; le rendement de ces impôts ne saurait être connu d'avance que d'une manière approximative; ainsi, les patentes : il est évident que le nombre de patentables, que la nature du commerce ou de l'industrie qu'ils exercent, que la valeur des locaux qu'ils occupent, ne peuvent donner lieu d'avance à une évaluation fixe.

Aussi la loi du budget ne contient-elle que l'évaluation du produit probable des impôts de quotité. Nous indiquerons pour quelques-uns de ces impôts les évaluations prévues au budget de 1895.

Les impôts de répartition sont ceux dont la somme totale, fixée annuellement par la loi des finances, est répartie entre les départements par le législateur, entre les arrondissements par les conseils généraux, entre les communes par les conseils d'arrondissement et entre les contribuables par les répartiteurs. Il y a donc quatre degrés de répartition. La loi du budget fixe le montant des impôts qui doivent être répartis en France; dès lors, le produit total de ces impôts est certain; c'est la quote-part de chaque contribuable qui est incertaine, jusqu'à ce que la répartition ait été opérée. Les Chambres fixent la part qui incombe à chaque département; le conseil général dans chaque département fixe la part de chaque arrondissement; le conseil d'arrondissement répartit entre les communes.

Dans chaque commune, une commission de répartiteurs fixe la part de chaque contribuable. Cette commission se compose de sept membres; dans les communes de moins de 5,000 habitants, les répartiteurs sont : le maire, l'adjoint et cinq contribuables désignés par le sous-préfet. Deux de ces derniers au moins doivent, autant que possible, être domiciliés hors de la commune. Dans les communes de plus de 5,000 habitants, le maire et l'adjoint peuvent être remplacés par deux conseillers municipaux. La commission ne peut délibérer valablement que si cinq membres au moins sont présents.

Ces fonctions ne peuvent être refusées que pour les motifs limitativement indiqués dans la loi.

Une commission spéciale de répartiteurs a été instituée pour la ville de Paris par la loi du 3 frimaire an III.

Il n'existe plus actuellement que deux impôts de répartition : la contribution foncière pour les propriétés non bâties et la contribution personnelle et mobilière; tous les autres impôts sont des impôts de quotité.

Nous allons passer rapidement en revue les divers impôts établis depuis la Constituante.

CHAPITRE II

LES IMPOTS DIRECTS. — L'IMPOT FONCIER. — LE CADASTRE. — L'IMPOT FONCIER DES PROPRIÉTÉS NON BATIES. — L'IMPOT FONCIER DES PROPRIÉTÉS BATIES. — L'IMPOT PERSONNEL ET MOBILIER. — LA CONTRIBUTION DES PORTES ET FENÊTRES ET LA LOI DU 18 JUILLET 1892. — LES PATENTES. — LES TAXES ASSIMILÉES AUX CONTRIBUTIONS DIRECTES

Impôt foncier. — L'Assemblée constituante, après une enquête relative aux impôts que payait chaque province, fixa à 240 millions le principal de la contribution foncière; à ce principal, on ajouta 60 millions de centimes additionnels. Pour arriver à établir une répartition proportionnelle entre tous les contribuables, la Constituante décida qu'il serait fait un cadastre; mais cette décision resta lettre morte.

Un arrêté du 12 brumaire an XI prescrivit l'arpentage par

masses de culture de 1,800 communes disséminées sur le territoire; on se proposait d'établir par analogie le revenu des autres communes.

Ce travail ne donna pas de résultat satisfaisant et la loi du 15 septembre 1807 prescrivit la confection d'un cadastre. Nous allons examiner sommairement les diverses opérations cadastrales.

Cadastre. — L'établissement du cadastre comprend trois sortes d'opérations : les opérations d'art, l'expertise et les opérations administratives.

Avant tout, il faut déterminer les limites du territoire de la commune; on divise ce territoire en sections pour faciliter la confection du plan. On procède ensuite à la triangulation; cette opération consiste à couvrir de triangles le territoire de la commune; les géomètres peuvent ainsi vérifier facilement l'arpentage qui a été fait au point de vue de la contenance; ils dressent alors un plan parcellaire de la commune. Ce sont là les *opérations d'art.*

L'*expertise* a pour but d'évaluer le revenu imposable des propriétés comprises dans la commune; elle comprend la classification, le classement et le tarif d'évaluation.

La classification a pour objet de déterminer en combien de classes chaque nature de propriété sera divisée; le nombre de classes ne peut pas être supérieur à cinq. La classification est opérée par cinq propriétaires nommés par le conseil municipal; deux des classificateurs, si possible, sont domiciliés hors de la commune.

Le classement consiste à ranger chaque parcelle de terrain dans l'une ou l'autre classe. Le classement est fait par trois au moins des classificateurs ou par trois des suppléants, en présence du contrôleur.

Le tarif des évaluations détermine le revenu moyen par hectare de chaque classe de terre dans chaque nature de culture : par exemple, la 1re classe de vignes est indiquée comme donnant un revenu moyen de 150 francs à l'hectare; la 2e classe, comme produisant 100 francs; la 1re classe de prés 50 francs, la 2e, 30 francs, etc. Ce tarif est arrêté par le conseil municipal; il est ensuite déposé à la mairie pour que les contribuables puissent en prendre connaissance et présenter leurs observations.

Les *opérations administratives* comprennent la confection des états de section et de la matrice cadastrale. Les états de section indiquent, d'après les numéros inscrits au plan parcellaire, le nom des propriétaires, la nature, la contenance et le revenu imposable de chaque parcelle. La matrice cadastrale réunit sous le nom de chaque propriétaire les différentes parcelles qui lui appartiennent dans les diverses sections. Ces opérations sont faites par l'administration des contributions directes.

La loi du 15 septembre 1807 avait posé le principe de la fixité des opérations cadastrales. A cette fixité, on voyait un double avantage : d'abord, le propriétaire, n'ayant pas à craindre une augmentation d'impôt à mesure qu'il obtenait un rendement plus grand, était incité à faire des améliorations; puis elle avait pour effet d'éviter des réclamations souvent délicates à examiner. Mais, malgré l'intérêt qu'il y avait à mettre les biens ruraux à l'abri des fluctuations de taxes, on s'aperçut bientôt que la valeur relative des propriétés foncières s'était modifiée dans des proportions telles que la fixité absolue créait de véritables injustices.

Une loi du 7 août 1850 décida qu'il pourrait être procédé à la revision du cadastre sur la demande du conseil municipal, et aux frais de la commune. Malheureusement cette charge de pourvoir aux frais d'opérations coûteuses eut pour effet d'empêcher les communes d'entreprendre le travail de revision. Une loi de 1874 atténua les mauvais effets de la fixité des évaluations en décidant que les parcelles qui figuraient autrefois au cadastre comme terres incultes et qui ont été depuis mises en valeur, devront être évaluées comme les propriétés de même nature; et que, inversement, les parcelles qui ont cessé d'être productives doivent être l'objet d'un nouveau classement.

Assiette de l'impôt. — Jusqu'en 1890, l'impôt foncier, pour les propriétés bâties et pour les propriétés non bâties, a eu une assiette unique. La loi du 8 août 1890 a séparé nettement la contribution des propriétés bâties de l'ancien impôt foncier.

Impôt foncier sur les propriétés non bâties. — L'assiette de l'impôt foncier est, aux termes de la loi du 3 frimaire an VII, le revenu net imposable. Le revenu net des terres est ce qui reste au propriétaire, déduction faite sur le produit brut des frais de culture, semence, entretien. Le revenu imposable est le revenu net moyen calculé sur un nombre d'années déterminé.

Pour les terres labourables, les vignes, les prairies naturelles, le revenu imposable s'obtient en prenant la moyenne du produit net des quinze dernières années, déduction faite des deux plus fortes et des deux plus faibles. Les terrains enlevés à la culture pour agrément (parcs, avenues, etc.), sont évalués au taux des meilleures terres labourables de la commune. Les règles précises pour chaque nature de terrain sont énumérées dans la loi du 3 frimaire an VII.

Mais des lois spéciales ont admis un certain nombre de cas d'exemption ou de modération de taxes dans un but d'intérêt général. Ainsi, les routes, les rues, les immeubles nationaux et départementaux non productifs de revenus sont exemptés. Les semis et plantations de bois sur le sommet et sur le penchant des montagnes, sur les dunes et dans les landes, sont exempts de tout impôt pendant trente ans. Les terrains plantés ou replantés en vignes, dans les départements déclarés atteints par le phylloxera, sont exempts de l'impôt foncier pendant quatre années.

Des modérations de taxe sont accordées notamment pour les marais desséchés qui ne subissent pas d'augmentation de taxe pendant vingt-cinq années; pour les terrains en friche plantés ou semés en bois qui ne subissent pas d'augmentation pendant trente années, etc.

Le produit de la contribution sur les propriétés non bâties est porté au budget de 1895 pour 103,240,000 francs. A ce chiffre il convient d'ajouter les centimes additionnels pour 13,310,000 francs. Ces centimes sont ajoutés aux contributions directes proportionnellement à chaque franc de principal. Le principal de la contribution étant de 100 francs, si l'on ajoute 10 centimes additionnels, la surtaxe sera de 100 fois 10 centimes, soit 10 francs, et le contribuable paiera 110 francs. Outre ces centimes additionnels *généraux*, des centimes additionnels *départementaux* ou *communaux* peuvent être établis par les conseils généraux et les conseils municipaux dans les limites fixées par les lois de finance.

Impôt foncier sur les propriétés bâties. — Depuis la loi du

8 août 1890, la contribution sur les propriétés bâties est devenue un impôt de quotité; elle est établie d'après la valeur locative des propriétés. Cette valeur a été appréciée à la suite d'un recensement opéré par l'administration des contributions directes, qui avait été chargée de ce travail par la loi du 8 août 1885; de la valeur de ces propriétés, un quart pour les maisons et un tiers pour les usines doivent être déduits en considération du dépérissement et des frais d'entretien et de réparation.

On a prévu que ces évaluations faites par l'administration donneraient lieu à un grand nombre de réclamations. La loi de 1890 décidait que les propriétaires seraient admis à réclamer contre l'évaluation attribuée à leur immeuble pendant les six mois à compter de la publication du premier rôle; ce délai a été prorogé d'une année; la même loi reproduisait en l'appliquant à la propriété bâtie la disposition par laquelle la loi de 1850 avait (inutilement) accordé aux conseils municipaux la faculté de faire procéder à une nouvelle évaluation aux frais de la commune.

Le taux de la contribution des propriétés bâties est fixé chaque année par la loi. La loi de 1890 indiqua pour l'année 1891 un taux de 3,20 0/0 de la valeur locative. Ce taux a été maintenu depuis.

Des exemptions permanentes de la taxe sont, comme pour la propriété foncière, accordées aux édifices appartenant à l'Etat, aux départements et aux communes. Les constructions nouvelles ainsi que les additions de construction ne sont soumises à la contribution foncière que la troisième année après leur achèvement, à la condition que la déclaration de construction ait été faite à la mairie de la commune où le bâtiment est élevé. La troisième année, l'évaluation de ces constructions est faite par le contrôleur des contributions, assisté du maire et des répartiteurs.

Les évaluations servant de base à la contribution foncière des propriétés bâties sont revisées tous les dix ans. Le produit de la contribution foncière des propriétés bâties est évalué pour 1895 à 68,500,000 francs; les centimes généraux sont de 10,543,520 francs.

Impôt personnel et mobilier. — En même temps qu'elle établissait la contribution foncière, la Constituante créa par la loi du 18 février 1791, en vue d'atteindre la fortune mobilière, un impôt sur le loyer, les domestiques, les chevaux et voitures, et une taxe personnelle de trois journées de travail. L'impôt personnel était distinct de l'impôt mobilier et formait un impôt de quotité.

La loi du 28 fructidor an VI décida que le prix de la journée de travail devrait être estimé à 50 centimes au moins, et à 1 fr. 50 au plus. La loi du 3 nivôse an VII établit que le reste du contingent serait réparti en impôt mobilier au marc le franc de la valeur du loyer d'habitation personnelle. Les deux impôts se trouvaient ainsi réunis.

En 1831, l'impôt personnel fut séparé de l'impôt mobilier et devint impôt de quotité.

Enfin, la loi du 21 avril 1832 réunit à nouveau ces deux impôts et en fit un impôt unique de répartition.

C'est cette loi qui régit encore la matière. L'article 10 de la loi de 1832 est ainsi conçu :

« La taxe personnelle se compose de la valeur de trois journées de travail. Le conseil général, sur la proposition du préfet, détermine le prix moyen de la journée de travail, dans chaque commune, sans pouvoir néanmoins le fixer au-dessous de 50 centimes, ni au-dessus de 1 fr. 50. »

La taxe mobilière a pour base la valeur locative des habitations.

Pour établir la contribution personnelle mobilière, on procède de la manière suivante : on multiplie le nombre des contribuables de la commune par trois fois le prix de la journée de travail, tel qu'il a été fixé par le conseil général. On déduit cette somme du chiffre du contingent assigné à la commune et le reste est réparti au prorata des loyers d'habitation, de la même manière que pour l'impôt foncier.

La contribution personnelle et mobilière est due pour tout habitant, étranger ou non, qui jouit de ses droits et n'est pas réputé indigent. Jouissent de leurs droits, aux termes de la loi de 1832, les veuves et les femmes séparées de leur mari, les garçons et les filles majeurs ou mineurs, ayant des moyens d'existence suffisants soit par leur fortune personnelle, soit par la profession qu'ils exercent.

Sont réputés indigents ceux que le conseil municipal a désignés comme devant être exemptés de toute contribution, ou comme ne devant être assujettis qu'à la taxe personnelle.

L'impôt personnel et mobilier est annal. La contribution est établie pour l'année entière et l'impôt est dû à l'Etat au commencement de l'année ; ainsi, en cas de décès, les héritiers sont tenus de payer l'année entière. Cet impôt est porté au budget de 1895 pour 67,880,000 francs. Les centimes additionnels généraux sont de 21,336,719 francs.

Les villes qui ont un octroi peuvent payer tout ou partie de cet impôt sur le produit de l'octroi.

La loi du 3 juillet 1846 permet en outre aux villes d'exempter les faibles loyers de toute cotisation et d'établir un tarif gradué en raison de la progression ascendante des loyers. C'est ainsi qu'à Paris les locaux loués moins de 500 francs sont exonérés. De 500 à 599 francs, les locaux sont imposés au taux de 6 fr. 50 0/0 ; de 600 à 699 francs, au taux de 7 fr. 50 0/0, etc., jusqu'aux locaux d'une valeur locative de 1,100 francs et au-dessus, qui sont imposés à raison de 12 fr. 30 0/0 de la valeur locative. Cette exonération n'est pas applicable aux propriétaires ayant un simple pied-à-terre à Paris, ni aux propriétaires imposés au rôle foncier de Paris, dont l'indigence n'aurait pas été régulièrement constatée, ni aux patentés dont le loyer d'habitation, réuni au loyer industriel, atteint 500 francs (valeur réelle).

Contributions des portes et fenêtres. — La loi du 18 juillet 1892 avait supprimé cette contribution à partir du 1er juillet 1894 et l'avait transformée en une taxe représentative, calculée à raison de 2 fr. 40 0/0 du revenu net de la propriété bâtie. Cette suppression était le résultat des critiques depuis longtemps adressées à cet « impôt sur l'air et la lumière ». Mais la loi du 27 juillet 1893 portant la fixation du budget des dépenses et recettes pour l'exercice 1894 a compris à nouveau les portes et fenêtres dans les recettes prévues à ce budget.

Cet impôt date du Directoire (loi du 4 frimaire an VII), il était à l'origine un impôt de quotité. La loi du 13 prairial an X en fit un impôt de répartition. La loi du 26 mars 1831 en fit à nouveau un impôt de quotité ; enfin, en présence de réclamations nouvelles, la loi du 21 avril 1832 le rétablit comme impôt de répartition. Une loi du 17 mars 1852 a établi une combinaison spéciale destinée dans la pensée du législateur à rendre cet impôt moins onéreux pour la ville de Paris ; cette combinaison tient compte à la fois du nombre d'ouvertures des maisons et de la valeur locative. Diverses lois ont étendu le bénéfice de cet ingénieux système aux grandes villes : Lyon, Bordeaux, etc. Cet impôt est dû par le propriétaire, sauf recours contre les locataires. Le budget de 1895 prévoit pour les portes et fenêtres une recette de 44,600,000 francs auxquels doivent être ajoutés 13,192,705 francs de centimes généraux.

Patentes. — L'impôt des patentes a toujours été un impôt de quotité. L'Assemblée constituante supprima les maîtrises et les jurandes, mais soumit à la patente quiconque voulait exercer un commerce ou une profession ; l'impôt fut assis sur la valeur locative des locaux servant soit à l'habitation, soit à l'exercice de la profession.

Cet impôt, supprimé en 1793, rétabli par la loi du 4 thermidor an III, fut réglementé à nouveau par la loi du 25 avril 1844. Enfin, la loi du 15 juillet 1880 a revisé la législation antérieure en modifiant les tarifs et les classifications des patentables. C'est cette loi qui régit aujourd'hui la matière.

Cet impôt a pour but d'atteindre les bénéfices de tout travail lucratif : son nom vient de l'acte délivré au contribuable par l'administration des contributions directes.

Tout individu, français ou étranger, qui exerce en France une industrie ou une profession non comprise dans les exceptions déterminées par la loi, est assujetti à la patente.

Les exceptions s'appliquent notamment : aux fonctionnaires et employés salariés par l'Etat, les départements et les communes, aux artistes, professeurs, instituteurs publics ; aux sages-femmes, éditeurs de feuilles périodiques, aux laboureurs et cultivateurs, aux commis et à toutes personnes travaillant à gages, aux ouvriers travaillant sans compagnon ni apprenti ou avec un apprenti de moins de 16 ans ; à ceux qui vendent en ambulance dans les rues des fruits, fleurs, légumes ; aux savetiers, gardes-malades, etc. L'article 17 de la loi de 1880 énumère limitativement ces exceptions.

La contribution des patentes se compose de deux droits : un droit fixe et un droit proportionnel.

Les diverses professions sont réparties dans trois tableaux

annexés à la loi et qui, par chaque profession, déterminent le droit fixe. Le droit proportionnel est établi d'après la valeur locative tant de la maison d'habitation que des magasins, boutiques, usines, chantiers, etc., qui servent à l'exercice de la profession.

Les commerces, industries et professions non dénommés dans les tableaux annexés à la loi n'en sont pas moins soumis à la patente ; les droits auxquels ils sont assujettis sont réglés par analogie avec les commerces ou industries de même importance, suivant arrêté spécial du préfet rendu sur la proposition du directeur des contributions directes, après avis du maire.

Certaines professions sont soumises au droit fixe seulement : ce sont, en général, les petites industries ; d'autres sont soumises seulement au droit proportionnel : ce sont les professions libérales.

Dans les sociétés en nom collectif, tous les associés figurant en nom et étant personnellement et solidairement responsables, tous sont soumis à la patente. Quant au droit fixe, l'associé principal seul paye un droit entier. Les associés secondaires paient une part de droit fixe proportionnelle au nombre des associés. En vue de favoriser les associations ouvrières, l'article 20 de la loi de 1880 ajoute : « Néanmoins, pour les associés habituellement employés comme simples ouvriers dans les travaux de l'association, cette part ne doit pas dépasser le vingtième du droit fixe imposable au nom de l'associé principal. »

Le droit proportionnel est établi sur la maison d'habitation de l'associé principal et sur tous les locaux servant à la société : mais la maison d'habitation de chacun des associés secondaires est affranchie du droit proportionnel, à moins qu'elle ne serve à l'exercice de l'industrie sociale.

Dans les sociétés anonymes, aucun associé ne figurant en nom et n'étant personnellement responsable, aucun d'eux n'est assujetti à la patente. C'est la société qui est imposée pour chacun de ses établissements à un seul droit fixe, sous la désignation de l'objet de l'entreprise, sans préjudice du droit proportionnel.

Dans les sociétés en commandite, les gérants et associés solidaires qui seuls figurent en nom et ont une responsabilité personnelle, sont assimilés aux associés en nom collectif. Les commanditaires qui sont de simples bailleurs de fonds ne sont pas soumis à la patente.

L'impôt des patentes est annal, c'est-à-dire qu'il est dû pour l'année entière par ceux qui, le 1er janvier, exerçaient une profession soumise à la patente. En cas de cession d'établissement, la patente est, sur la demande du cédant ou du cessionnaire, transférée à ce dernier, pourvu que la demande ait été faite dans les trois mois de la cession. Ceux qui entreprennent dans le cours de l'année une profession sujette à la patente ne doivent la contribution qu'à partir du 1er du mois dans lequel ils ont commencé à exercer, à moins que, par sa nature, la profession ne puisse être exercée pendant toute l'année; dans ce cas, la contribution est due pour l'année entière. Enfin, les marchands forains, colporteurs et autres patentables dont la profession n'est pas exercée à domicile fixe, sont tenus d'acquitter le montant total de leur cote au moment où la patente leur est délivrée, bien qu'en principe les contributions directes soient payables par douzième. Le produit de l'impôt des patentes est évalué en 1895 à 80,700,000 francs, plus 44,258,642 francs de centimes généraux.

Les taxes assimilées aux contributions directes. — Un très grand nombre de taxes établies par des lois spéciales sont assimilées aux contributions directes, quant à leur mode de recouvrement ; les unes sont perçues au profit de l'Etat, d'autres au profit des départements et des communes. Nous énumérerons seulement les plus importantes.

1° La taxe des biens de mainmorte a été établie par la loi du 20 février 1849 sur les biens immeubles passibles de la contribution foncière, appartenant aux départements, communes, hospices, séminaires, fabriques, congrégations religieuses et tous établissements publics légalement autorisés. Cette taxe est destinée à remplacer les droits de mutation pour les *personnes morales*, qui ne meurent pas et n'aliènent leurs biens que très rarement. Elle est fixée à 0 fr. 70 par franc du principal de la contribution foncière. La loi du 14 décembre 1875 a exempté de cette taxe les sociétés anonymes ayant pour objet l'achat et la vente d'immeubles. Le produit de cette taxe est de 7 millions environ;

2° La taxe sur les chiens, perçue au profit des communes, a été créée par la loi du 2 mai 1855;

3° La taxe sur les chevaux et voitures, créée en 1862, supprimée en 1865, rétablie par la loi du 16 septembre 1871, et modifiée par les lois des 23 juillet 1872 et 22 septembre 1879;

4° La taxe sur les cercles, sociétés et lieux de réunion, établie par la loi du 16 septembre 1871 et modifiée par la loi du 16 septembre 1890;

5° La taxe sur les billards, créée par la loi du 16 septembre 1871;

6° La redevance annuelle sur les mines, établie par la loi du 21 avril 1810;

7° Les droits de vérification des poids et mesures créés par l'ordonnance du 17 avril 1839;

8° Les droits pour frais de vente chez les pharmaciens, droguistes et épiciers, créés par la loi du 15 mai 1818;

9° La taxe militaire établie par la loi du 16 juillet 1889; produit évalué pour 1895 : 3,244,500 francs ;

10° La taxe sur les vélocipèdes, créée par la loi du 28 avril 1893. Produit : environ 2 millions.

Enfin, diverses taxes syndicales établies pour travaux de défense contre la mer et les fleuves, reconstruction de canaux, dessèchement de marais, etc.

Si longue et si fastidieuse qu'elle puisse paraître, cette énumération et cette nomenclature historique des impôts directs nous ont paru nécessaires pour bien montrer le chemin parcouru dans cet ordre d'idées depuis le moment où la Constituante, imbue des théories des physiocrates, restreignait les impôts à l'impôt foncier et à l'impôt mobilier.

Il nous reste à indiquer maintenant le mode de recouvrement de ces impôts dans la législation actuelle.

Recouvrement des contributions directes. — Le recouvrement des contributions directes est opéré par les percepteurs. Les rôles des contributions, rendus exécutoires par le préfet, sont publiés par le maire. Ils sont payables par douzièmes.

Le percepteur envoie à chaque contribuable un avertissement lui indiquant la somme qu'il doit payer dans les dix jours. Si le contribuable n'a pas payé dans ce délai, le percepteur peut commencer les poursuites. Ces poursuites comprennent d'abord une sommation sans frais, qui, si elle est restée sans effet, est suivie d'une contrainte générale délivrée par le receveur particulier des finances. La contrainte est un acte exécutoire assimilé à un jugement et elle autorise les poursuites judiciaires.

Nous avons vu en étudiant les impôts sous l'ancien régime, que l'on envoyait aux contribuables en retard un garnisaire qui s'implantait chez eux et était payé par eux jusqu'à ce qu'ils se fussent acquittés à l'égard du fisc. Cette garnison n'a cessé d'exister en France que depuis la loi du 9 février 1877; elle a été remplacée par la sommation avec frais qui peut intervenir huit jours après la sommation sans frais.

Si la sommation avec frais reste sans effet, les poursuites judiciaires peuvent commencer. Elles comprennent : 1° le commandement, qui peut être fait trois jours après la contrainte générale ; 2° la saisie et la vente des meubles, précédées d'une contrainte individuelle et nominative ; 3° la saisie immobilière avec autorisation du ministre des finances.

Le Trésor a un privilège : pour l'impôt foncier de l'année échue et de l'année courante sur les récoltes, fruits, loyers et revenus des immeubles; pour les autres impôts de l'année échue et de l'année courante, sur les objets mobiliers appartenant au contribuable poursuivi, en quelque lieu que se trouvent ces objets.

CHAPITRE III

LES IMPOTS INDIRECTS. — LES DROITS SUR LES BOISSONS ET SUR LE SEL. LES PÉAGES. — LES DOUANES. — LES OCTROIS

Les impôts indirects sont perçus, soit au profit de l'Etat, ainsi les douanes, l'enregistrement et les droits de timbre, les droits sur les boissons, etc. ; soit au profit des communes, comme les droits d'octroi, les droits de place dans les halles et marchés, les droits de voierie.

Nous avons vu à la suite de quelles réclamations unanimes contenues dans les cahiers du tiers état, la Constituante avait, à l'exception de l'enregistrement, supprimé les impôts indirects, si impopulaires sous l'ancien régime. Il nous reste à voir comment la plupart de ces impôts ont été rétablis en France.

Impôts indirects proprement dits. — On désigne aujourd'hui sous le nom d'impôts indirects proprement dits une série de droits sur les boissons, les sels, les sucres, les cartes à jouer, les voitures publiques, les poudres et salpêtres, etc., auxquels il faut joindre un grand nombre de taxes nouvelles ajoutées après la guerre de 1871. Il ne saurait entrer dans le cadre restreint de cet ouvrage d'examiner dans le détail chacun de ces impôts. Nous indiquerons sommairement la façon dont furent réorganisés ceux de ces impôts qui présentent un intérêt plus particulier au point de vue économique et historique, et notamment l'impôt sur les boissons, le plus important de ceux qui relèvent de l'administration des contributions indirectes.

Les droits sur les boissons furent rétablis en l'an XII ; la loi du 5 ventôse an XII établissait un droit d'inventaire sur les vins et cidres et un droit de fabrication sur les bières ; un droit nouveau fut perçu en 1806 sur le prix de la vente en gros et sur le prix de la vente en détail. Ce système fut abandonné en 1808 ; le droit d'inventaire et le droit de vente en gros furent remplacés par le droit de circulation ; le droit de vente en détail fut élevé et on établit un droit d'entrée dans les villes d'au moins 4,000 âmes. La loi qui régit la matière (28 avril 1816) a conservé ce système ; les droits comprennent : 1° le droit de circulation ou d'expédition ; 2° le droit d'entrée ; 3° le droit de vente en détail ; 4° le droit de consommation sur les spiritueux ; 5° le droit de fabrication sur les bières ; 6° le droit de licence pour les fabricants et débitants.

Le droit de circulation est perçu à l'occasion du déplacement des boissons (vins, cidres, poirés ou hydromels). Le tarif varie suivant les départements qui ont été divisés en trois catégories. Le droit est d'autant plus élevé que le département est plus éloigné des pays de production ; il peut être perçu, soit au moment de l'enlèvement des boissons, soit au moment de l'arrivée. Le droit n'est pas perçu dans le cas de transport du pressoir au cellier ou d'un magasin à un autre magasin.

Le droit d'entrée dans les villes varie avec la classe du département et avec la population de la ville; le droit, augmenté en 1873, a été réduit d'un tiers par la loi du 19 juillet 1880. Lorsque les boissons ne doivent pas être consommées dans la ville, la déclaration en est faite à l'entrée; les droits sont consignés par le conducteur des boissons; après vérification à la sortie de la ville, ces droits sont remboursés. C'est la faculté de passe-debout ou de transit.

Les contribuables peuvent en outre user de la faculté d'entrepôt; dans ce cas, la quantité de marchandises qui entrent dans l'entrepôt est constatée et les droits ne sont payés que pour les marchandises qui en sont sorties. L'entrepôt est dit réel lorsqu'il s'agit d'un magasin public placé sous la garde de l'administration des contributions directes. Il est fictif lorsqu'il est fait dans des magasins privés; dans ce dernier cas, ces magasins sont soumis à l'exercice, c'est-à-dire aux visites des employés chargés de vérifier si des marchandises en sont sorties.

Le droit de détail est perçu chez les débitants pour les quantités inférieures à 25 litres, à raison de 15 0/0 du prix de la valeur vénale déclarée; la perception en est assurée au moyen d'un abonnement pour une somme fixe; les débitants peuvent aussi, moyennant un prix de tant par hectolitre, se soustraire à la formalité de la déclaration du prix de vente. Si les 2/3 des détaillants demandent l'abonnement, il devient obligatoire pour tous après approbation du ministre des Finances. Les communes peuvent aussi, avec la même approbation, s'abonner moyennant une somme déterminée d'accord avec l'administration des contributions indirectes.

Le droit de consommation sur les spiritueux frappe spécialement les alcools, eaux-de-vie et liqueurs; la taxe est réduite pour les alcools dénaturés destinés à l'industrie.

Le droit de fabrication frappe les bières et boissons distillées. Les fabricants doivent, vingt-quatre heures avant chaque fabrication nouvelle, faire une déclaration; toutefois, ils peuvent se soustraire à cette obligation au moyen de l'abonnement. Les fabricants sont soumis à l'exercice.

Enfin, le droit de licence est dû par les débitants, brasseurs et distillateurs, à l'effet d'être autorisés à débiter ou à fabriquer. Ce droit est indépendant de la patente.

Droits sur le sel. — Le droit de consommation sur le sel a été rétabli par la loi du 24 avril 1806 pour subvenir à l'entretien des routes, et fixé alors à 20 francs les 100 kilogrammes; il fut élevé à 40 francs par la loi du 17 décembre 1814, et ramené à 30 francs en 1815. Il est actuellement, depuis la loi du 28 décembre 1848, fixé à 10 francs par 100 kilogrammes. La taxe de consommation est perçue à l'enlèvement du sel des lieux de production.

Les droits de passage d'eau par ponts, bacs et bateaux, perçus par les fermiers des contributions indirectes, ont été successivement réduits par diverses lois depuis 1860. Les *droits de navigation* intérieure sur les fleuves et canaux, fixés d'après un tarif spécial à chacun des cas, ont été supprimés par la loi du 19 février 1880.

Droits de douane. — Les droits de douane sont perçus à l'entrée et à la sortie du territoire sur certaines marchandises.

Les droits de douane sont établis soit en vue de protéger l'industrie nationale, soit simplement à titre d'impôt. Nous avons vu que la Constituante avait supprimé les douanes intérieures; elle n'avait laissé subsister les douanes extérieures qu'avec des tarifs très modérés. La Convention et le premier Empire établirent, dans un but de protection, des droits plus considérables. A partir de 1852, au contraire, une tendance très marquée à la diminution des droits se fit sentir en France, et de nombreux traités avec les puissances étrangères furent conclus dans le sens de la liberté des échanges. Depuis 1871, dans l'intérêt du Trésor d'abord, en application ensuite de la théorie économique des protectionnistes, les tarifs des douanes ont été successivement augmentés. Nous nous éloignons de plus en plus du système du libre-échange que le second Empire s'était efforcé de suivre.

Les droits de douanes consistent soit dans des droits *ad valorem*, soit dans des droits spécifiques. Les premiers sont établis suivant la valeur des marchandises, d'après l'estimation que les parties ont faite; mais, dans ce cas, l'administration des douanes a le droit de préemption, c'est-à-dire qu'elle peut prendre la marchandise en payant le prix de l'estimation augmenté de 5 0/0, et revendre ensuite cette marchandise au profit de l'Etat. Les droits spécifiques sont perçus d'après la nature et la quantité de marchandises, ou, pour les animaux, d'après leur nombre. Pour assurer le payement des droits de douane, une zone de quatre lieues a été établie parallèlement à la frontière, soit de terre, soit de mer. Dans ce rayon, aucune marchandise portée au tarif d'importation ou d'exportation ne peut circuler sans être accompagnée d'un congé délivré par les agents des douanes après paiement des droits.

Les octrois. — La suppression des octrois par l'Assemblée constituante amena bientôt ce résultat que les communes se trouvèrent privées de la source la plus importante de leurs revenus ; aussi une loi du 9 germinal an V décida-t-elle qu'en cas d'insuffisance des centimes additionnels pour les dépenses communales, il pourrait y être pourvu par les contributions indirectes et locales. Une loi du 27 vendémiaire an VII rétablit l'octroi de Paris sous le nom d'octroi *municipal et de bienfaisance.* Néanmoins, jusqu'alors, une loi était nécessaire pour que des octrois fussent créés.

La loi du 5 ventôse an VIII décida que les octrois pourraient être établis d'office par des actes du pouvoir exécutif dans toutes les villes dont les hospices ne seraient pas dotés de ressources suffisantes. Un arrêté du 24 frimaire an XI ordonna un prélèvement de 5 0/0 sur les produits de l'octroi au profit de l'Etat; ce prélèvement fut porté à 10 0/0 par la loi du 24 avril 1806.

Jusqu'en 1842, une grande latitude fut laissée aux villes pour la création des octrois, dont l'État bénéficiait. Les villes usèrent de cette faculté, et un grand nombre d'entre elles demandèrent et obtinrent du gouvernement l'autorisation de se grever de surtaxes. On appelle surtaxe la partie du droit qui excède le maximum fixé par des lois spéciales pour certains objets soumis à un impôt au profit du Trésor : les alcools, vins, cidres, poirés, hydromels et huiles végétales.

La loi du 11 juin 1842 décida qu'aucune surtaxe ne pourrait être établie qu'en vertu d'une loi ; les surtaxes existantes devaient cesser de plein droit le 31 décembre 1852. Le décret-loi du 17 mars 1852 supprima le prélèvement de 10 0/0 au profit du Trésor et réduisit les taxes d'un dixième.

Aujourd'hui, sous l'empire de la loi du 5 avril 1884, l'établissement des taxes d'octroi votées par les conseils municipaux, ainsi que les règlements relatifs à leur perception, sont autorisés par des décrets du Président de la République, rendus en Conseil d'état, après avis du Conseil général. Il en est de même de toute délibération portant augmentation ou prorogation de taxe pour une période de plus de cinq ans.

La création de taxes d'octroi peut avoir lieu sur l'initiative du conseil municipal : 1° lorsque ces taxes sont nécessaires à la commune pour l'acquittement de ses dépenses obligatoires ou facultatives ; 2° lorsqu'une commune veut remplacer en tout ou en partie la contribution personnelle-mobilière par un prélèvement sur les produits de l'octroi.

Peuvent être soumis à l'octroi, aux termes de la loi du 28 avril 1816 « les objets destinés à la consommation locale ». Ces droits portent notamment sur les boissons et liquides, les comestibles, les combustibles, les fourrages et les matériaux. Les tarifs sont votés par les conseils municipaux. mais il appartient toujours au gouvernement de les admettre ou de les modifier dans l'intérêt général.

Les villes peuvent choisir entre quatre modes d'administration des octrois : 1° la régie simple ; dans ce système, la perception est faite sous la direction immédiate du maire ; 2° la régie intéressée, qui consiste à traiter avec un régisseur moyennant un prix fixe et une part déterminée dans les produits excédant le prix principal ; 3° la ferme, adjudication pure et simple des produits de l'octroi ; 4° l'abonnement avec l'administration des contributions indirectes ; la perception est alors faite par cette administration moyennant une remise proportionnelle ou une somme fixe pour le traitement des employés. Les traités doivent être approuvés par le ministre des Finances.

La loi du 5 avril 1884 exige l'approbation du préfet pour les délibérations des conseils municipaux relatives à la suppression ou à la diminution des octrois. Cette mesure a été prise pour éviter que les villes, dont les budgets sont grevés de charges très lourdes ne remplacent l'octroi par des centimes additionnels qui pèseraient sur les populations rurales non soumises à l'octroi.

Les critiques formulées contre les octrois sous l'ancien régime n'ont cessé de se reproduire depuis que les octrois ont été rétablis ; elles sont d'ailleurs communes à tous les impôts indirects qui atteignent immédiatement la consommation. Dans l'exposé présenté par M. Guillemet à la Chambre des députés, le 7 avril 1892, il est dit « que cette question est à l'ordre du jour depuis un siècle ; qu'elle s'impose surtout à l'heure actuelle, en raison de l'augmentation considérable des droits de douane, et qu'il importe d'en finir avec un système d'impôt qui pèse presque tout entier sur les classes laborieuses ». Le rapporteur ajoute : « L'octroi n'est pas proportionnel aux facultés imposables des citoyens ; il nuit au développement de la richesse publique... ; il superpose aux douanes extérieures, déjà si lourdes, 1,500 douanes intérieures peut-être plus lourdes encore ; il est la cause de gaspillages financiers des communes... ; il est un impôt onéreux ; il excite à la fraude et à la falsification des denrées ; il nuit à la consommation... »

M. Guillemet établit que l'Amérique du Nord, la Russie, la Saxe, l'Écosse, l'Angleterre (sauf de rares exceptions), la Suède et la Norvège, le Portugal, l'Autriche, la Bavière, la Suisse, la Turquie, la Grèce n'ont jamais eu recours à des taxes locales indirectes. La Belgique s'est débarrassée des octrois en 1860 ; la Hollande en 1864 ; l'Espagne en 1868 a supprimé toutes les taxes indirectes : le Danemark a supprimé ses octrois en 1885. La Prusse, dès 1820, a supprimé les octrois dans les provinces rhénanes autres que la Westphalie. L'Italie et la France sont les seuls pays en Europe dont les taxes locales soient établies en presque totalité sur l'impôt indirect.

A la suite du remarquable rapport de M. Guillemet, la Chambre des députés a adopté, en 1892, un projet de loi relatif à la suppression des octrois et à leur remplacement par diverses taxes limitativement indiquées. Voici ce projet de loi qui est actuellement soumis à l'approbation du Sénat :

« Art. 1er. — Les communes auront le droit de remplacer leurs octrois en tout ou en partie, sous réserve de l'approbation législative, par des taxes directes choisies parmi les suivantes : centimes additionnels aux quatre contributions directes ; taxe sur la valeur vénale de la propriété ; taxe sur la valeur locative ; taxe sur les revenus ; impôt de superficie ; droits de place calculés au mètre cube ; taxe sur les constructions, sur les chevaux, hôtels, cafés, restaurants, les étrangers (dans les villes d'eaux), les domestiques; taxe sur les mutations par décès; taxe de pavage, d'entretien de rues et d'égouts.

« Ces taxes ne devront être prélevées que sur des propriétés ou des objets situés sur la commune ou des revenus en provenant.

« Elles devront s'appliquer à toutes les propriétés, objets ou revenus de la même nature.

« Elles devront être assises sur des proprietés où objets tangibles ou des signes apparents de richesse.

« Elles devront être proportionnelles.

« Art. 2. — Les taxes diverses prévues par la présente loi seront assises et perçues, et les réclamations jugées comme en matière de contributions directes.

« Art 3. — A partir de la présente loi, il ne pourra être établi d'octroi dans aucune commune.

« Les taxes ne pourront être augmentées dans les communes où il existe actuellement des octrois.

« Tout ce qui est contraire aux dispositions de la présente loi est abrogé. »

On voit, par ce simple exposé, que ce projet de loi constitue un retour très marqué vers le système de l'Assemblée constituante.

Contentieux en matière de contributions indirectes. — En matière de contributions indirectes, les tribunaux civils sont compétents pour statuer sur les difficultés relatives à l'application du tarif. Les tribunaux correctionnels statuent sur les contraventions qui donnent lieu à l'application d'une peine.

L'administration a le droit de transiger soit avant, soit après le jugement.

D'après la législation en vigueur, jusqu'à la loi du 30 mars 1888, les tribunaux correctionnels n'étaient juges que du fait matériel de la contravention ; ils n'avaient pas le droit d'examiner l'acte intentionnel et de modérer l'amende. Depuis cette loi, les tribunaux correctionnels peuvent admettre des circonstances atténuantes; mais une loi de 1890 a décidé qu'elles ne pourraient être admises s'il y a eu récidive dans l'année du jugement qui a reconnu la contravention.

CHAPITRE IV

L'IMPOT SUIVANT LES THÉORIES ÉCONOMISTES. — LES RÈGLES D'ADAM SMITH. — L'IMPOT UNIQUE. — L'IMPOT SUR LE REVENU. — L'IMPOT SUR LE CAPITAL. — L'IMPÔT PROGRESSIF

Adam Smith, dans son ouvrage sur la *Richesse des nations*, a formulé quatre règles relatives aux impôts, qui sont admises par tous les économistes et que les législateurs s'efforcent souvent d'appliquer. Les voici :

« 1° Les sujets de l'État doivent contribuer au soutien du gouvernement, chacun le plus possible, en proportion de ses facultés, c'est-à-dire en proportion du revenu dont il jouit sous la protection de l'État. De l'observation ou du mépris de cette maxime ressort ce qu'on appelle égalité ou inégalité dans l'établissement de l'impôt ;

« 2° L'impôt que chacun est obligé de payer doit être défini et non arbitraire. L'époque du paiement, la somme à payer doivent être déterminées avec soin et d'une manière intelligible pour le contribuable et pour tout le monde.

« En matière d'impôt, il importe tellement que chacun ait à payer une somme fixe, que l'expérience de toutes les nations prouve qu'une inégalité assez considérable n'est pas, à beaucoup près, un aussi grand mal qu'une petite incertitude ;

« 3° L'impôt doit être levé à l'époque et de la manière qui conviennent le mieux au contribuable ;

« 4° Tout impôt doit être combiné de manière à ce qu'il fasse sortir des mains du peuple le moins d'argent possible, au delà de ce qui rentre dans le trésor de l'État, et, en même temps, à ce qu'il tienne le moins longtemps possible cet argent hors des mains du peuple avant d'entrer dans ce trésor. »

Il est évident que les impôts indirects ne sont point établis en conformité de ces règles ; notamment en ce qu'ils ne sont pas payés par chacun en raison de ses facultés, mais d'après un tarif uniforme pour tous ; et, aussi, parce que ce sont les impôts dont la perception est la plus difficile et la plus coûteuse.

Il serait tout à fait injuste de prétendre que le mode de recouvrement de ces impôts est aussi gênant que sous l'ancien régime; les législateurs, chaque fois qu'ils ont eu l'occasion d'en proposer de nouveaux, n'ont pas manqué de faire ressortir, au contraire, que ce sont ceux dont le contribuable s'aperçoit le moins. Le fisc, ici, se dissimule, prend, dans la poche du contribuable, de petites sommes qui arrivent à un total considérable. Les impôts indirects en effet alimentent actuellement notre budget, dans la proportion de 73 0/0, et les impôts directs pour 27 0/0 seulement. Il faut donc convenir, avec M. Leroy-Beaulieu, que les impôts indirects présentent, pour le gouvernement chargé d'équilibrer le budget, cet avantage que « le rendement en augmente spontanément par le simple développement des affaires et des consommations. C'est cette précieuse qualité qui a permis aux finances de la plupart des Etats civilisés de se soutenir depuis un demi-siècle, malgré les énormes dépenses des gouvernements ».

Les impôts indirects ont un inconvénient grave; si tel produit est frappé plutôt que tel autre, le vin plutôt que la bière, le fer plutôt que le maïs, c'est en raison de telle ou telle manière de voir, de tel ou tel préjugé (pour ne pas dire de tel intérêt régional) du législateur. Il est incontestable que ces taxes, suivant l'influence ou la tendance du moment, s'appliquent à tel produit plutôt qu'à tel autre. Suivant la théorie de M. Thiers, ces impôts exercent un pouvoir directeur sur l'industrie du pays.

On a fait aux impôts indirects d'autres reproches encore : ils entravent la circulation; ils ont pour effet d'augmenter le prix de la production, et, par conséquent, de ralentir la consommation, car, portant sur des objets de nécessité, ils diminuent d'autant le pouvoir d'achat des contribuables : ils coûtent cher à percevoir; ils nécessitent, en effet, une véritable armée d'employés des contributions, des douanes, des octrois; enfin, si le contribuable ne s'aperçoit pas toujours de la taxe qu'il paye, il est parfois soumis à des procédés d'inquisition, aux visites, aux formalités gênantes de l'exercice.

Les impôts directs actuels ont été, comme les impôts indirects, l'objet des critiques des économistes. M. Leroy-Beaulieu paraît particulièrement dur à leur égard; il s'exprime ainsi :

« L'impôt direct serait en principe le plus équitable ; mais il est presque impossible de le bien asseoir. Même pour celui des impôts directs qui offre la base la plus certaine, la plus visible, la moins variable, l'impôt foncier, la difficulté d'une assiette juste et égale apparaît presque comme insurmontable. Il est connu de tous que certains départements de France sont taxés deux fois plus que d'autres, que, dans un même département, telle commune est moitié moins imposée que la voisine, que, dans une même commune, telle propriété paye relativement au revenu deux ou trois fois plus élevé que telle autre... Ce qui est vrai de l'impôt foncier l'est encore de l'impôt mobilier ou taxe sur la valeur locative des maisons... Dans les petites villes et dans les campagnes, où les maisons sont, pour la plupart, habitées par leurs propriétaires, sans avoir jamais été l'objet d'une location, l'évaluation de la valeur locative est assujettie à beaucoup d'arbitraire. Pour peu que les agents du fisc ou les répartiteurs aient des préférences ou des rancunes, ils peuvent facilement, pour deux maisons qui ne diffèrent guère d'importance, doubler l'imposition de l'une relativement à celle de l'autre, tout au moins l'augmenter de moitié. Si l'on ajoute que les sociétés modernes à régime électif sont travaillées, jusque dans les moindres villages, par des rivalités et des haines, on voit combien les impôts directs, justes en principe, peuvent, dans la pratique, s'écarter de l'équité. L'impôt sur les patentes, c'est-à-dire la taxe sur les profits présumés des industriels et des commerçants, quoique assis sur des bases relativement fixes, le nombre des métiers, le nombre des employés, l'importance des locaux, donne lieu aussi à beaucoup de récriminations. Il est malaisé, en effet, de se rendre compte de la réelle influence qu'exercent sur les bénéfices les conditions matérielles dans lesquelles on pratique deux industries différentes. Telle personne avec une petite boutique peut faire plus de gain qu'une autre personne avec une grande boutique. »

Les combinaisons proposées par les législateurs ou par les économistes pour améliorer notre système d'impôt sont fort nombreuses. Au point de vue économique, la première question qui se pose est de savoir si l'impôt doit être unique ou multiple.

Si, en France, on évalue que l'ensemble des revenus est

de 30 milliards environ, et qu'une contribution de 4 milliards soit nécessaire pour le budget de l'Etat, des départements et des communes, il semble logique de demander à chaque contribuable 14 0/0 de son revenu plutôt que de recourir à des taxes multiples dont le rendement est incertain et dont la perception est plus onéreuse. Les partisans du système des impôts multiples font valoir cet argument que les impôts variés se servent de correctif les uns aux autres, et que les erreurs ne tombent pas sur le même individu ni sur la même classe d'individus, tandis que l'impôt unique pourrait, en raison de la faillibilité de ceux qui l'assoient ou le recouvrent, comporter des inégalités écrasantes. C'est là, nous semble-t-il, une question de réglementation, et si, à vrai dire, la question de principe ne résout pas le problème qui consiste à faire supporter l'impôt par ceux qui sont en mesure de le supporter, du moins ne saurait-on prétendre que l'unité d'impôt suffit pour empêcher toute solution ; aussi les partisans de l'impôt unique ont-ils eu soin de proposer toujours, comme mesure transitoire, de laisser aux communes la faculté d'expérimenter cet impôt, soit sur le capital, soit sur le revenu, et de ne l'établir que dans la limite qu'elles jugeraient convenable. Mais si, au point de vue théorique, l'impôt unique ne rencontre pas d'objection sérieuse, il est nécessaire de reconnaître qu'il n'en saurait être de même au point de vue pratique. Dans une question d'impôts qui touchent à la richesse et à la vie même d'une nation, les moindres changements sont difficiles à accomplir ; à plus forte raison, les systèmes qui peuvent opérer une transformation brusque doivent-ils rencontrer la vive opposition des intérêts multiples qu'ils peuvent heurter.

L'impôt doit-il porter sur le capital ou sur le revenu ? L'impôt sur le revenu semble jouir depuis quelques années en France d'une faveur marquée; les difficultés qu'il rencontre sont surtout des difficultés d'application. Et d'abord, comment évaluer le revenu ? Si l'on s'en remet à la déclaration du contribuable, le rendement de l'impôt risque d'être compromis. Si l'évaluation est faite par les agents de l'administration, à quelle inquisition ne vont-ils pas se livrer ? Il est vrai qu'en matière de douanes, les déclarations des contribuables sont admises, sans qu'il en résulte des pertes considérables pour le Trésor, et que les agents des contributions indirectes se livrent à des investigations gênantes pour ceux qui y sont soumis; mais, dans le cas d'un impôt unique, ces inconvénients seraient certainement aggravés.

Aussi, l'*income-tax*, en Angleterre, n'est-il pas un impôt unique sur le revenu; le rendement de cet impôt n'est que d'environ le quinzième du budget total. L'assiette de l'income-tax a pour base la déclaration du contribuable; les déclarations mensongères sont punies du triple droit; à défaut de déclaration, les taxations sont faites d'office. Les revenus sont divisés en cinq classes : 1° les revenus des terres et immeubles par nature, imposés au compte du propriétaire à raison de 2,92 0/0 du revenu net annuel; 2° les mêmes immeubles imposés à titre de bénéfices du fermier à raison de 1,46 0/0; 3° les rentes et annuités et dividendes, imposés à 2,92 0/0; 4° les revenus du commerce et des professions, à 2,92 0/0; 5° les traitements des fonctionnaires, imposés aussi à 2,92 0/0.

Les partisans de l'impôt sur le capital ont pour but d'atteindre la richesse acquise, et non les revenus. MM. Menier et Yves Guyot ont proposé d'établir un impôt unique (et à titre d'essai un impôt de *x* 00/00) sur le capital fixe. Le capital fixe est ainsi défini par eux : « Toutes les utilités dont le produit ne détruit pas l'identité, c'est-à-dire le sol, les mines, les constructions, les machines, les outillages, les navires, les voitures, les animaux servant à l'exploitation, les ustensiles de ménage, les meubles, les objets d'art, lorsqu'ils ne sont pas à l'état de marchandises destinées au commerce. En un mot, les capitaux fixes sont ceux qui peuvent produire de l'utilité sans se transformer. Dans ce système, les capitaux circulants, c'est-à-dire ceux qui ne peuvent produire d'utilité qu'à la condition de se transformer, ne sont pas frappés par l'impôt; ces capitaux sont : les matières premières, les marchandises destinées au commerce, la monnaie.

D'après ce projet, l'évaluation des capitaux fixes serait faite par le contrôleur des contributions directes, assisté de deux délégués désignés par le conseil municipal. Pour les objets mobiliers, la police d'assurance devrait servir de base, si le propriétaire est assuré. Pour les propriétés foncières, les contrôleurs des contributions devraient employer le cadastre tel qu'il est établi, en remplaçant l'évaluation du revenu par l'évaluation réelle de la valeur vénale, basée sur les actes de vente accomplis dans le pays au cours des quatre dernières années, sur les polices d'assurance, et sur tous les autres documents analogues. Les autres règles communes aux contributions directes seraient applicables à cet impôt.

Une théorie qui, dans ces dernières années, a joui d'une certaine faveur, sinon parmi les économistes, du moins parmi les législateurs, est la théorie de l'impôt progressif. Cette faveur semble même, à l'heure actuelle, devoir faire entrer cette théorie dans la réalité des faits, avec le projet d'impôt progressif sur les successions actuellement présenté à la Chambre des députés par M. le ministre des Finances.

Nous avons déjà dit en quoi consiste l'impôt progressif : si, pour 100 francs de revenu, par exemple, on perçoit 1 franc, de 100 à 500 francs, on percevra 2 0/0; de 500 à 1,000 francs, 3 0/0, etc. Ce système, vivement combattu par les uns, vanté à l'excès par les autres, ne mérite à vrai dire « ni cet excès d'honneur, ni cette indignité ». Tout se résume en une question d'application; l'impôt progressif peut dans certains cas donner d'excellents résultats; il peut aussi, s'il est mal appliqué, aboutir à des conséquences désastreuses.

Si, par exemple, la progression de la taxe était appliquée à un impôt établi sur le capital, elle aboutirait aisément à l'absurde. En effet, si pour un capital inférieur à 50,000 francs, par exemple, on perçoit 1 0/0; de 50,000 à 100,000, 1 1/2 0/0; de 100,000 à 500.000 francs, 2 0/0, etc., on arrivera à cette conclusion que la somme perçue dépassera, pour un capital donné, ce que ce capital peut produire de bénéfice net; à moins de modérer d'une manière très sensible la progression, et de la rendre par conséquent à peu près inutile, on en viendrait facilement à une véritable dépossession du capital.

Si, au lieu d'appliquer le système progressif à l'impôt sur le capital, on l'applique à un impôt sur les successions, qui n'est à proprement parler qu'un impôt accidentel sur le capital, la progression pourra être beaucoup plus sensible, sans que dans la pratique elle aboutisse à des conséquences aussi désastreuses.

Si enfin l'impôt progressif est appliqué au revenu, il ne semble pas qu'aucune conséquence fâcheuse en puisse résulter, à moins que cette progression ne procède par sauts trop brusques. C'est bien là cet impôt progressif que vantait Montesquieu, à propos de la taxe établie à Athènes dont nous avons parlé ; c'est cet impôt proportionnel aux ressources des citoyens que la Constituante avait entendu établir. Ajoutons, en terminant, que ces taxes progressives ont été appliquées sans inconvénient sur les loyers, à Paris, en remplacement de l'impôt personnel et mobilier. L'échelle établie, qui va de 6,50 0/0 pour les loyers de 599 francs jusqu'à 12,30 0/0 pour les loyers de 1,100 francs et au-dessus, bien qu'elle constitue une progression très marquée, n'a jamais été l'objet d'aucune réclamation : elle a toujours au contraire donné d'heureux résultats.

CONCLUSION

Nous avons fait l'exposé, forcément ardu, des divers impôts établis en France sous l'ancien régime et depuis la Révolution. Le cadre restreint de cet ouvrage ne nous a pas permis d'entrer dans le détail de la législation, et nous avons dû nous attacher surtout à indiquer les différents systèmes qui ont été suivis par le législateur ou proposés par les économistes. Nous nous sommes efforcé de faire un résumé impartial; c'est maintenant au lecteur, et non à nous, qu'il appartient de tirer de cette étude telle conclusion qu'il conviendra.

Cependant, après avoir énuméré les critiques formulées contre nos impôts, et notamment contre les impôts de consommation, après avoir exposé (voir les *Impôts sous l'ancien régime*) les doléances du village de Culmon : « Pourquoi donc est-ce que ce sont les riches qui payent le moins et les pauvres qui payent le plus ?... » après avoir indiqué les raisons qui déterminaient Montesquieu en faveur d'un impôt progressif, et montré les tendances actuelles, il nous semble tout au moins intéressant de mettre sous les yeux du lecteur les lignes suivantes, dans lesquelles l'auteur semble avoir considéré surtout les difficultés sans nombre que le législateur peut rencontrer pour modifier notre système d'impôts:

« Dire au peuple: La république va faire pour toi un miracle. Elle va te dégager de toute cette lourde responsabilité qui pèse sur la condition humaine. Elle te prendra au berceau, et après t'avoir conduit, à ses frais, de la crèche à la salle d'asile, de la salle d'asile à l'école primaire, de l'école primaire aux écoles secondaires et spéciales, de là à l'atelier de travail, et de l'atelier de travail aux maisons de refuge, elle te rendra à la tombe, sans que tu aies eu besoin, pour ainsi dire, de prendre soin de toi-même. As-tu besoin de crédit? Te manque-t-il des instruments de travail, ou du travail? Désires-tu de l'instruction? Quelque sinistre est-il venu visiter ton champ ou ton atelier? L'Etat est là, comme un père opulent et généreux, pour pourvoir à tout, pour tout réparer. Bien plus, il étendra sa sollicitude sur toute la surface du globe en vertu du dogme de la solidarité; et, au cas qu'il te prenne fantaisie d'aller semer au loin tes idées et tes vues politiques, il tiendra toujours une grande armée prête à entrer en campagne. Voilà sa mission, elle est vaste, et pour l'accomplir il ne te demande rien. Sel, boissons, postes, octrois, contributions de toute sorte, il va renoncer à tout. Un bon père donne à ses enfants, mais il ne leur demande pas.... Se peut-il rien imaginer de plus chimérique et de plus dangereux?

« La vérité est, et le peuple ne devrait jamais le perdre de vue, que la contribution publique s'adressera toujours et nécessairement aux objets de la consommation la plus générale, c'est-à-dire la plus populaire. C'est précisément là le motif qui doit pousser le peuple, s'il est prudent, à restreindre les dépenses publiques, c'est-à-dire, l'action, les attributions et la responsabilité du gouvernement. Il ne faut pas qu'il s'attende à ce que l'Etat le fasse vivre, puisque c'est lui qui fait vivre l'Etat. » (Bastiat, *Paix et Liberté.*)

TABLE DES MATIÈRES

Sceaux. — Impr. Charaire et Cie.

SCE. UX. IMP. CHARAIRE ET Cie.

www.ingramcontent.com/pod-product-compliance
Ingram Content Group UK Ltd.
Pitfield, Milton Keynes, MK11 3LW, UK
UKHW021043180726
13838UKWH00004B/1978

9 782329 079875